AF331202

UN PLAN

D'ORGANISATION ÉLECTORALE

PAR

F. RENARD

Rédacteur en chef de la **Vraie France**

Prix : **25** centimes

PARIS

LIBRAIRIE DE L'UNIVERS

RUE DES SAINTS-PÈRES, 16

1874

BIBLIOTHÈQUE NATIONALE R.F. IMPRIMÉS

DÉPÔT LÉGAL
Nord
N° 229
1874

UN PLAN

D'ORGANISATION ÉLECTORALE

Pour réformer les institutions d'un peuple, il n'y a d'ordinaire que l'un de ces deux moyens à prendre : les ramener à un état de pureté antérieur, ou développer, par des perfectionnements, les conditions rudimentaires dans lesquelles elles fonctionnent.

Telle est l'infortune de la France, dans le misérable état où quatre-vingts ans de révolution l'on réduite, qu'il lui est également impossible de perfectionner ses institutions actuelles, et de reprendre l'ancien organisme de sa constitution.

On ne perfectionne pas un état de maladie, on n'améliore pas une décadence ; et, s'il est possible à la France, s'il lui est en quelque sorte facile de s'arracher à la maladie révolutionnaire, d'échapper à la décadence, en revenant au principe de sa vie et de sa prospérité, la suspension de ce principe a été si longue que force est bien pour lui de renaître dans les organes renouvelés.

Pour ne parler que du système électoral, dont nous avons pris à tâche de nous occuper, il n'est pas moins impossible de reprendre le mode d'élections qui a fonctionné en 1789, et qui tenait à tout un ensemble d'institutions à jamais disparues, qu'il ne l'est de perfectionner d'une manière satisfaisante le suffrage universel actuellement pratiqué. Conserver à la fois les bases essentielles de celui-ci : l'universalité des votes et leur égalité, c'est se refuser à toute réforme dépassant les limites d'une réglementation impuissante. Nous ne sommes, en le constatant, qu'un écho de l'immense majorité des conservateurs.

La réforme électorale à opérer s'élève donc à l'importance d'un remaniement complet à faire, ou plutôt d'une œuvre toute nouvelle à créer. C'est assez faire ressortir l'immensité et la difficulté de la tâche à accomplir.

Lorsqu'une institution est l'œuvre du temps, elle supporte aisément ce qu'il a pu s'y glisser d'arbitraire. Ou plutôt, n'est-il pas plus exact de dire que, la plupart du temps, l'arbitraire apparent n'est que l'effet de certaines nécessités, qui n'en font, en réalité, qu'un élément d'ordre? Dans la réforme, ou plutôt la réédification de notre système électoral, telle qu'elle semble devoir être faite, c'est-à-dire par un seul acte législatif, il en serait tout autrement. Rien n'aplanirait les inégalités de cette œuvre improvisée; rien ne familiariserait avec ce qu'elle pourrait contenir d'arbitraire. Il faudrait qu'elle fût assez parfaite pour braver toute critique, pour ne froisser aucun intérêt légitime.

Faire une telle loi d'un seul coup est malheureusement impossible. Mais il ne serait peut-être ni impossible ni impraticable de faire une loi satisfaisante, dont les principes reposeraient sur de rigoureux, d'irréfutables raisonnements, et qui demanderait toute la partie délicate, minutieuse, de son application au temps et au travail de la nation sur elle-même.

C'est à un problème de loi électorale ainsi posé que nous allons chercher une solution.

I.

Elever l'édifice d'une loi électorale est déjà une œuvre difficile ; vouloir l'établir solidement, sans lui donner pour base un principe politique nettement conçu, serait une tentative chimérique.

On prodigue aisément le nom de principe politique. A vrai dire, il n'est bien placé que dans deux acceptions. Il n'y a pour le mériter que le fondement de ce que l'on appelle, suivant le point de vue auquel on se place pour l'examiner, droit traditionnel, droit national ou droit divin, et celui de la théorie de la souveraineté permanente et inamissible du peuple. En effet, ou il y a un droit supérieur aux volontés variables du peuple ou il n'y en a pas. Seules donc l'affirmation et la négation sur ce point contiennent véritablement un principe politique.

Selon que l'on accorde la préférence à l'un ou à l'autre de ces deux principes, la solution *théorique* à donner à l'organisation de l'électorat est grandement différente.

Il est vrai que l'arbitraire peut se substituer à la théorie ; mais nous ne pouvons faire ici que de la théorie. Et, sans regarder au-delà de notre histoire contemporaine, il est aisé de reconnaître que la logique finit toujours par l'emporter, pour le triomphe de qui se soumet à elle ou pour la ruine de qui la brave. Dans le domaine des faits, la logique s'appelle la force des choses.

Admet-on la souveraineté du peuple ? Aucune réforme électorale n'est possible. Le nombre, le nombre seul, doit demeurer le maître du scrutin. Si le peuple est souverain, il ne peut se faire qu'on lui enlève sa souveraineté. Or, c'est la lui enlever que d'établir dans l'électorat, qui est alors le mode par lequel il exerce

sa souveraineté, soit un système censitaire, soit l'iné-
galité des suffrages, soit même l'exclusion de telle ou
telle classe de votants.

En effet, par l'établissement de l'un ou l'autre de ces
modes d'électorat, on crée une organisation qui devient
supérieure à la volonté populaire ; on crée un droit
antérieur : ce qui équivaut à dire qu'on renverse la
souveraineté populaire, pour revenir, en pratique, au
droit traditionnel, repoussé en principe.

Les arguments ne manquent pas pour appuyer cette
déduction (1). Nous n'avons indiqué que celui qui nous
paraît être le plus fondamental. Il nous suffit pour
constater que, pour tout régime politique reposant sur
le principe de la souveraineté du peuple, la suppression
du suffrage universel avec égalité des votes, est
logiquement impossible.

Il en est autrement avec le principe opposé. Si l'on
reconnaît que le droit politique d'une nation découle
d'une source supérieure aux volontés d'une seule
génération — que ce droit, héritage des générations
antérieures et patrimoine inaliénable des générations
à venir, est indépendant de chacune d'elles, les suffrages
n'ont plus d'autre objet que de déléguer, devant l'au-
torité dépositaire de la souveraineté, des mandataires
chargés de représenter les besoins variables et les
tendances mobiles de la nation. Ou, si l'on veut, tandis
que la constitution traditionnelle d'une nation est, en
fait, le produit, et, juridiquement, la consécration de
la nature propre à ce peuple et de ses besoins perma-

---

(1) Nous nous permettons de renvoyer les lecteurs qui verraient
une lacune dans l'absence de ces arguments à une brochure
publiée récemment, La *Vraie France*. — Paris ; Lachaud et Burdin.
Lille ; bureaux de la *Vraie France*.

nents, la représentation nationale est spécialement chargée de traduire son développement et ses modifications successives.

Le problème de notre réforme électorale n'est donc logiquement admissible qu'après la reconnaissance de notre droit traditionnel. Avec lui aussi, il se trouve tout naturellement posé dans les termes qui lui conviennent. On peut le formuler ainsi :

Trouver le système électoral le plus propre à donner à tous les besoins et à toutes les tendances de notre pays la représentation la plus fidèle et la plus complète.

II.

Les principales conditions que doit remplir un mode de représentation électorale, pour que les besoins et les tendances d'un peuple y soient réflétés aussi fidèlement que possible, sont manifestement :

1° Que tous les votes soient éclairés, et, comme la faiblesse humaine réclame que le jugement soit secondé et corrigé par l'expérience et que la conscience soit soutenue dans ses défaillances par l'intérêt, il faudrait que tout élu fût appelé à faire éprouver directement et d'une manière sensible à ses électeurs la valeur de leur choix;

2° Que tous les intérêts soient représentés. Ce qui implique, comme corollaire, que chacun d'eux soit représenté proportionnellement à son importance. En effet, si certaines catégories d'intérêts ne peuvent se faire entendre dans la mesure de leur importance, on ne peut pas dire qu'elles sont véritablement et convenablement représentées, puisqu'elles se trouvent écrasées par des intérêts rivaux, qui prennent dans l'Etat une importance exagérée.

Ces conditions posées, il faut convenir qu'il serait difficile de trouver un système électoral qui les réalisât moins bien que celui qui est actuellement en pratique chez nous, surtout avec le scrutin de liste.

C'est maintenant, fort heureusement, une banalité que de faire le rapprochement du vote d'un homme d'Etat éminent, d'un écrivain illustre, d'un puissant industriel avec celui d'un prolétaire aussi dénué d'instruction et de moralité que de capital, qui a pourtant la même valeur dans le scrutin. La choquante égalité de ces influences dans le gouvernement de l'Etat excite à bon droit l'étonnement et la crainte. Comme nous le remarquions plus haut, dire que les intérêts les plus considérables n'ont pas une représentation plus importante que les plus minimes, c'est dire qu'ils n'ont pas une représentation sérieuse; c'est dire que pratiquement ils n'en ont pas. Il importe peu à l'équilibre d'une balance qu'on ait posé quelques petits poids dans un de ses plateaux, si l'autre a reçu des poids beaucoup plus considérables.

La représentation n'est pas plus éclairée qu'elle est équilibrée. Avec le vote individuel par grandes circonscriptions, tel qu'il se pratiquait sous l'èmpire, les différentes candidatures ne présentaient, au choix de la très grande majorité des électeurs, qu'un nom, tout au plus un programme. Un programme! c'est-à-dire une de ces pièces où la parole cherche, le plus souvent, à réaliser la fameuse définition qui n'en fait qu'un moyen de déguiser sa pensée. Avec le scrutin de liste, c'est bien autre chose encore. Ce qui se présente aux électeurs, ce ne sont plus des individualités, vivants commentaires des doctrines qu'elles prônent : ce sont des partis politiques. C'est-à-dire, qu'à des hommes dénués, pour la plupart, de toute doctrine politique, absolument ignorants même de ce qui s'est passé sous la précédente législature, on demande de juger les théories et les actes des différents partis. Nécessairement, dans ces conditions, le parti qui s'adresse au raisonnement et à l'expérience des électeurs n'est pas entendu ; celui qui parle à leurs passions trouve seul un écho.

Il n'est certes pas étonnant qu'un système électoral aussi complètement défectueux ait produit des résultats qui éveillent de toutes parts les plus vives sollicitudes des conservateurs, et invitent les esprits à chercher des améliorations.

Les projets agités ne sont pas tous heureux. Parmi ceux qui le sont le moins, citons-en un qui a pour lui l'avantage d'avoir été pratiqué en France et de l'être encore ailleurs.

Le rétablissement plus ou moins déguisé ou plus ou moins restrictif du système censitaire tente bien des conservateurs effrayés. Pour condamner cet expédient, il suffit de se demander s'il est possible de le rétablir. Autant vouloir la restauration de la féodalité. Certains se contenteraient, il est vrai, du simple acquittement d'une côte immobilière quelconque. Mais à ceux-là, on a demandé s'ils sont bien sûrs que la dernière classe des électeurs actuels est plus à craindre que l'avant-dernière ; et nous ne voyons pas qu'ils aient répondu de manière à défendre victorieusement leur système.

D'ailleurs, à côté des questions de pratique, l'équité garde ses droits. Or, comment légitimer aujourd'hui un système représentatif qui réduirait au silence toute une catégorie d'intérêts, qui ne sont pas moins respectables parce qu'ils sont faibles ?

Nous touchons ici à la fameuse querelle tant de fois agitée entre ceux qui prétendent que l'électorat n'est qu'une fonction et ceux qui y voient un droit. Nous ne faisons pas difficulté de reconnaître que l'électorat n'est pas un droit absolu. Dans un pays où la tradition n'a transmis que le système censitaire, celui-ci est parfaitement légitime. Mais il n'en est pas ainsi chez nous. Le suffrage universel y fonctionne depuis vingt-cinq ans ; il est entré profondément dans nos mœurs. Le supprimer amènerait un changement pénible pour une partie de la nation.

Pour le faire, il faudrait justifier les exclusions à établir. Et le moyen de les justifier ? Ressuscitera-t-on la théorie des citoyens actifs ? Quel est donc maintenant le Français qui n'est point, et pour une part notable, un citoyen actif ? Pour l'être, il suffit de manger et de boire ; avec nos lourds impôts indirects, c'est déjà contribuer sérieusement à l'entretien de l'Etat. Et l'impôt du sang, le plus cruel de tous, nul n'y échappe aujourd'hui.

Supprimez l'impôt indirect, supprimez le service militaire obligatoire et même la conscription ; il sera possible alors de parler de supprimer le suffrage universel.

Ce n'est pas certainement que nous songions à repousser certaines mesures restrictives, généralement acceptées maintenant. Nous approuvons et nous réclamons pour notre part des conditions de domicile, propres non-seulement à établir l'identité de l'électeur, mais aussi à faire présumer qu'il est ce que l'on pourrait appeler un citoyen régulier. Nous sommes aussi très-disposé à être sévère pour les indignités. Autant il nous paraît injuste de frapper la pauvreté, autant nous trouvons légitime de repousser le désordre et l'immoralité.

Oui, nous tenons pour le maintien du suffrage universel, dont nous sommes convaincu et ferme partisan. Nous le croyons juste et nécessaire pour les motifs indiqués plus haut, et aussi pour cette raison générale qu'il se conçoit mal que tout intérêt ne soit pas représenté, dans un pays qui fait du régime représentatif un bonheur et une gloire. Pourquoi l'écarterait-on d'ailleurs, si, d'une part, il est possible de remédier à l'aveuglement qui est la seule cause d'incapacité absolue qu'on puisse invoquer contre lui, et si, de l'autre, un système électoral peut être trouvé, où les intérêts purement individuels des prolétaires soient convenablement équilibrés par tous les autres ordres d'intérêts avec lesquels ils sont susceptibles d'entrer en conflit.

Nous espérons démontrer que l'un et l'autre de ces résultats sont possibles à atteindre.

III.

Pour éclairer les votes, on propose le suffrage à deux ou plusieurs degrés.

Au point de vue de la logique du système électoral à établir, il y aurait assurément un progrès dans l'établissement de ce mode. Mais on doute, avec raison, qu'en fait, il donne à lui seul des électeurs de second degré meilleurs que ceux du premier.

En effet, les élus du premier degré ne seraient choisis, la plupart du temps, qu'en raison du vote qu'ils s'engageraient à émettre à leur tour. On peut même dire qu'ils augmenteraient souvent les chances de mauvais votes définitifs, en ne se présentant que comme champions de tel idéal, devant lequel reculeraient peut-être beaucoup de ses partisans, s'ils avaient à donner directement leurs voix à l'un des membres dirigeants du parti qui l'exploite.

Pour que le système du suffrage à plusieurs degrés fût complet et devînt entièrement conséquent avec son principe, il faudrait que les électeurs du premier degré ou des premiers degrés n'eussent à choisir leurs élus que pour leur valeur personnelle et non pour leurs opinions politiques. Une des raisons pour lesquelles on propose plusieurs degrés, c'est l'incapacité du plus grand nombre de juger les théories politiques des candidats définitifs. Il faut donc écarter entièrement les théories politiques des préoccupations des électeurs primaires, pour ne leur donner à se prononcer qu'entre des personnalités parmi lesquelles ils sont à même de choisir, et pour des qualités qu'ils sont capables d'apprécier.

Le moyen d'y parvenir nous semble tout indiqué par le but à atteindre : c'est de constituer électeurs secondaires les conseillers municipaux, par qui seraient élus les conseillers d'arrondissement, lesquels éliraient, à leur tour, les conseillers généraux, chargés, enfin, de voter pour l'élection des députés.

Qu'on remarque, d'abord, que ce système n'entraînerait aucune complication. Il allègerait grandement le fardeau qu'impose aux populations le mode électoral actuel, puisqu'il ne demanderait au plus grand nombre qu'un vote, au lieu de quatre ; et il présenterait, ce nous semble, les plus précieux avantages.

Chaque vote serait donné, autant que possible, en parfaite connaissance de cause. Les élus du premier degré seraient choisis pour leur mérite personnel, qui est, comme nous venons de le voir, le meilleur critérium pour des votes primaires. Les choix seraient faits d'autant plus soigneusement et plus consciencieusement que les électeurs de chaque degré confieraient à leurs élus les intérêts publics qui leur sont les plus proches.

On doit supposer que les élus du premier dègré seraient, surtout avec la représentation des intérêts, dont
nous parlerons plus loin, choisis parmi les principaux
propriétaires, les principaux cultivateurs, les industriels :
ceux, en un mot, qui ont le plus grand avantage à ce que
les affaires de l'arrondissement soient bien gérées, et,
par conséquent, à ce que les conseillers d'arrondissements soient bien choisis. Ce qui se passerait à la
commune, se reproduirait pour l'arrondissement et pour
le département. On aurait, à tous les degrés, la meil-
leure de toutes les garanties pour la nature des choix :
l'intérêt.

Quelle différence avec le mode actuel de votation pour
la représentation nationale ! Avec celui-ci la plupart des
électeurs délèguent un mandataire pour les représenter
dans des actes qui sont entièrement étrangers à leurs
connaissances, dans l'accomplissement desquels ils ne
peuvent aucunement apprécier sa manière d'agir, et
dont les conséquences retomberont si indirectement sur
eux, qu'ils ne s'apercevront aucunement de la relation
qu'il y a entre la cause et l'effet. Avec le mode qui
vient d'être exposé, chacun connaîtrait bientôt la valeur
de son choix et en apprécierait les conséquences. S'il
s'était trompé, il serait promptement désillusionné ; s'il
s'était laissé dominer par un entraînement, il serait
puni par où il aurait péché.

D'un autre côté, est-il bien sérieux de faire représenter, en quelque sorte, chaque citoyen directement
devant l'Etat ? N'est-il pas plus exact de dire que chacune de ces molécules politiques se noie dans ce
grand ensemble, que de dire qu'elle y prend sa place ?
Il en serait autrement de la représentation progressive
dont nous venons d'esquisser le plan. On peut dire,
avec vérité, que chaque individualité et chaque groupe

y vivrait de l'étendue de vie proportionnée à son importance.

Une difficulté se présente à l'exécution de ce plan. Chaque circonscription, chaque commune surtout ne peut pas avoir un nombre de représentants rigoureusement proportionné à son importance. Il en résulterait une rupture d'équilibre en faveur des plus petites circonscriptions. La difficulté ne nous paraît pas bien grande. On y parerait suffisamment, ce nous semble, en ne faisant représenter dans les élections les plus petites circonscriptions que par les premiers de leurs élus, par ordre de suffrages obtenus, en nombre proportionnel à l'importance de chacune; sauf à conserver à toutes au moins un représentant. Des mesures particulières pourraient être prises en faveur des plus grandes villes.

Nous n'avons pas entrepris de rédiger un code électoral : tracer quelques grands traits suffit à atteindre le but que nous nous sommes proposé ; cependant, il se présente ici une question d'organisation qui mérite qu'on s'arrête à l'examiner. Vaudrait-il mieux que les élections successives fussent faites à courts intervalles ou à différentes époques ? Les rapprocher, ce serait s'exposer à ce que la préoccupation du résultat final vint déranger toute l'économie du système. Les éloigner serait laisser le temps aux intrigues de s'exercer sur les électeurs des second, troisième et quatrième degrés.

Selon nous, il faudrait distinguer : séparer des élections suivantes les élections municipales, dont il importe davantage d'écarter les préoccupations politiques, puisqu'elles sont la base du système ; et rapprocher, au contraire, les trois autres, où l'emploi de la corruption, ou du moins des obsessions, est plus à craindre, en raison du petit nombre des votants.

IV.

Etablir, pour la représentation nationale, entre tous les ordres d'intérêts, un équilibre qui donne à chacun d'eux, dans la vie politique, une importance proportionnée à celle qu'il doit avoir dans la vie sociale, c'est là certainement la plus grande, ou plutôt la seule difficulté de la réforme électorale telle que nous l'entendons.

On a proposé de prendre pour mesure de la valeur à donner à chaque vote la quotité de l'impôt payé par chaque électeur. Mais le chiffre des impôts payés par chaque électeur n'est pas même proportionné exactement à sa part d'intérêts matériels dans l'Etat. Et les intérêts moraux, auxquels il importe tant de faire une large part, moins encore au point de vue de l'équité qu'en considération du salut et de la prospérité de l'Etat — les intérêts moraux échappent, par leur nature même, à la répartition des impôts. Défendre d'une manière absolue la proportionnalité des droits électoraux aux impôts, c'est s'exposer à perdre dans l'opinion le système de la représentation des intérêts.

Mais quel mode de répartition des votes préférer à celui-là ?

La difficulté est encore compliquée par ce fait, que les différents ordres d'intérêts ne sont pas répartis de la même manière dans toutes les parties de la France. Pour ne citer qu'un exemple, dans certaines provinces, le propriétaire terrien qui ne cultive pas lui-même ses propriétés, les afferme; dans d'autres, il les fait cultiver par un métayer. Ce métayer, qui n'a, le plus souvent, qu'un très mince capital, ne peut être assimilé au fermier. La répartition des droits électoraux entre l'un et l'autre et le propriétaire doit être faite d'une manière très différente.

Nous avons choisi cet exemple parce qu'il englobe un très-grand nombre de cas. Que n'y aurait-il pas à constater touchant certains ordres d'intérêts, parmi les intérêts industriels et commerciaux surtout, qui n'ont, pour ainsi dire, pas même d'analogues dans des départements entiers ! Comment parviendrait-on à diviser équitablement, par une loi unique et générale, tous les intérêts en un certain nombre de groupes, à chacun desquels une part des droits électoraux serait confiée ?

Cela nous paraît, quant à nous, impossible. Mais serait-il nécessaire que la répartition fût unique, générale pour toute la France, et même qu'elle fût faite d'un seul coup, en même temps que les principes de la loi seraient posés ?

Nous ne le croyons pas. Il semble maintenant en France qu'une loi qui ne règle pas d'un seul coup tout ce dont elle s'occupe n'est pas une loi sérieuse. On pense que le législateur doit pétrir ou tailler entièrement tout ce qu'il touche ; comme si un peuple était fait pour ses lois, au lieu que ses lois fussent faites pour lui.

L'organisation sociale et politique d'une nation n'est point chose improvisée ni simple ; pourquoi voudrait-on que les lois qui sont destinées à s'y adapter, fussent improvisées et simples ? Et qu'importe qu'elles ne le soient pas, si elles répondent aussi promptement que possible aux besoins qu'on en a, et si leurs prescriptions sont aisément connues et mises en pratique par tous ceux que chacune d'elles intéresse ?

Nous l'avons dit en commençant, c'est le malheur, malheur sans exemple, de notre pays, d'avoir à se refaire des institutions. Mieux vaut se plier aux conséquences de cette situation que de se briser

contre elles, comme l'ont fait, depuis quatre-vingts
ans, tous nos législateurs, dont les œuvres méritent
éminemment qu'on leur applique l'adage :

Le temps n'épargne pas ce que l'on fait sàns lui.

Nous proposons que la répartition des votes soit
confiée, pour chaque département, à l'initiative du
conseil général, qui s'entendrait préalablement avec les
conseils d'arrondissements et municipaux, et dont les
décisions seraient soumises à l'examen et à la sanction
du pouvoir législatif. Une loi transitoire, dont nous
parlerons plus loin, réglerait un état provisoire. La
répartition des droits au vote demeurerait constamment
perfectible, toujours avec la sanction du pouvoir
législatif.

Qu'on le remarque, des divergences dans la législation
électorale des différentes parties de la France auraient
incomparablement moins d'inconvénients que des
divergences dans la législation civile ; beaucoup moins
même qu'il n'y en a dans la diversité des coutumes qui
ont force de loi.

D'ailleurs, ces divergences seraient beaucoup moindres
que ce qu'on peut supposer au premier abord. Chaque
département prendrait naturellement pour exemple de
son organisation électorale ce qui serait fait par d'autres ;
et il appartiendrait au pouvoir législatif, arbitre suprême,
de veiller à ce que les différences d'organisation ne
fussent pas plus étendues que ce que réclame la diversité
des besoins.

On voit aisément qu'une des conséquences principales du régime électoral dont nous esquissons à
grands traits le plan serait le développement, à un
degré considérable, de l'autonomie régionale. La
commune surtout recevrait d'une telle organisation une

très-grande importance. Elle deviendrait véritablement l'unité de nos groupements politiques; car tout se passerait, en quelque sorte, chez elle, dans l'ordre politique, comme si elle devait se suffire à elle-même.

Dans son sein serait faite la répartition de la part des droits électoraux qu'elle renferme; ces droits seraient exercés en vue, non point des affaires générales du pays, mais de l'administration de ses intérêts propres. Que l'on remarque aussi que le groupement des intérêts profiterait éminemment de l'établissement de ce système. Le citoyen échapperait à l'individualisme créé par la Révolution, pour se rapprocher de ceux dont les intérêts sont similaires des siens; et le lien qui l'attache à son pays se resserrerait, au grand profit de la stabilité de l'équilibre social, de l'ordre politique et du patriotisme.

Resterait à choisir le système électoral provisoire auquel il conviendrait de recourir, pour laisser le loisir au pouvoir législatif, aux conseils électifs, et pour ainsi dire au pays tout entier, de régler la répartition des droits électoraux entre toutes les catégories d'intérêts, et pour servir de transition entre le régime électoral actuel et celui qu'il s'agirait de mettre en pratique. Il faudrait naturellement le prendre aussi rapproché que possible du résultat à atteindre et propre à en favoriser la réalisation.

Ce qu'il y aurait de mieux, ce nous semble, ce serait l'adoption d'un système emprunté à la Prusse et que patronnent aujourd'hui plusieurs publicistes.

Les corps électoraux seraient répartis entre trois groupes d'électeurs, réunis en raison de la quotité de leurs impôts, de telle sorte que les plus fort imposés fussent mis ensemble et que chaque groupe représentât une somme égale d'impôts. La première classe d'électeurs comprendrait donc les plus fort imposés, jusqu'à concurrence du tiers du chiffre total des impôts ; la seconde, les contribuables dont les cotes suivent par ordre d'importance, et la troisième, tout le reste des citoyens. Chaque électeur aurait, dans sa classe, un vote égal. Rien n'empêcherait que le nombre des classes fut augmenté dans les villes les plus peuplées.

Ce mode provisoire subsisterait pour chaque département, jusqu'à ce qu'il fût présenté au pouvoir législatif un mode de répartition satisfaisant des votes.

De cette manière, on aurait les avantages d'une organisation prompte, sans les dangers, presque toujours mortels pour une œuvre politique, d'une improvisation. La disposition des rouages les plus intimes et les plus puissants sortirait des efforts de la nation elle-même et s'adapterait à ses besoins. C'est ainsi que sont nées les seules institutions qui aient vécu.

V.

Pour exposer entièrement et pour expliquer et justifier d'une manière satisfaisante un plan d'organisation électorale, il faudrait développer en même temps tout le système politique dans lequel il devrait prendre sa place. Mais ce serait sortir des bornes que nous devons nous imposer. Peu de mots suppléeront peut-être aux développements dans lesquels nous ne pouvons entrer.

Nous avons l'honneur d'appartenir à une école qui croit que la stabilité d'un édifice politique est assurée par l'équilibre qui règne entre les matériaux de cet édifice, et non par la puissance des étais qu'on y peut appliquer. L'ordre, d'ailleurs, n'est pas dans l'immobilité ; il est dans l'harmonie.

Pour une nation, cette harmonie résulte de la hiérarchie des forces sociales et de l'équitable répartition des influences qui, bien considérée, n'est pas autre chose que la liberté.

L'état de notre civilisation et de nos mœurs politiques et les habitudes contractées dans notre pays réclament que cette répartition soit faite dans la mesure la plus large, et s'étende à l'universalité de la nation; de manière à laisser à chacun, dans l'Etat, la part d'action à laquelle il peut légitimement prétendre. Elle ne donnerait, d'ailleurs, rien à craindre, si la pondération des diverses forces sociales était assez bien faite pour en assurer l'équilibre, qui fait la stabilité des sociétés. Une longue et cruelle expérience devrait nous l'avoir appris, on n'assure pas la tranquillité d'une nation, on ne maintient pas même un gouvernement, par l'arbitraire et la compression. La révolution ne sera vaincue que par l'incontestable solution de tous les problèmes avec lesquels elle a attaqué la société. Le monde ne sera délivré de ce sphinx impitoyable que par la législation qui, en lui jetant le mot de son énigme, le contraindra à se briser la tête.

Pour accomplir parmi nous cette œuvre de salut, il suffit de se bien inspirer du génie de nos traditions, dont l'abandon a seul ouvert la voie au génie révolutionnaire; ou plutôt, c'est avec lui seul qu'il est possible de l'entreprendre avec succès. En d'autres termes, la solution du problème de notre régénération politique est tout entière dans la renaissance de nos traditions nationales, au milieu des besoins nouveaux de notre société moderne.

Ces traditions revivraient dans un système qui donnerait à chaque groupe d'intérêts la plus large autonomie compatible avec l'étroite cohésion de toutes les parties, la facile administration des affaires générales et la puissante unité des forces nationales. Et c'est comme complément de cette large décentralisation que nous proposons l'organisation électorale dont on a lu l'exposé.

Cette décentralisation devrait, pensons-nous, amener quelques modifications dans nos divisions administratives, au moins quant à leur importance. Mais de tel changements ne pourraient influer que légèrement sur l'application du système électoral que nous avons développé. Aussi n'en avons-nous pas tenu compte.

Tels sont les principaux caractères du système politique dans lequel il nous semble que devrait entrer le mode d'électorat dont nous avons parlé. Il pourrait, selon nous, rendre l'harmonie à notre édifice politique.

Mais ne négligeons pas de rappeler que ce n'est pas assez pour assurer la stabilité d'un monument que l'harmonie de son plan. Il faut aussi, et surtout, la solidité de sa base et la présence d'une inébranlable clef de voûte. Sans les principes sociaux, qui ne vivent que par la religion, et sans le droit politique, tous les systèmes ne sont que vains jeux d'esprit. Les plus savantes organisations ne font que préparer les conditions dans lesquelles se déclarera l'antagonisme social et lutteront les compétitions politiques.

Pour revenir au sujet dont nous nous sommes occupé, l'expérience démontre que tous les systèmes électoraux sont impuissants à donner de bons résultats là où la révolution domine les esprits et s'est emparée du pouvoir ou glissée dans ses conseils. Le système censitaire n'a pas sauvé la bourgeoisie des tentatives de la démagogie et du socialisme. La Convention est née d'un mode d'électorat que les révolutionnaires repousseraient maintenant comme intolérablement réactionnaire.

Aujourd'hui, sous nos yeux, le système si bien pondéré de la Prusse dont nous avons parlé ne protège pas les élections contre les entreprises des socialistes, qu'excite et favorise la politique de M. de Bismarck.

Les systèmes politiques peuvent organiser l'ordre; ils ne le font pas. L'ordre ne découle que de la connaissance et du respect de la vérité et du droit.

FIN.

Lille, imp. Ducoulombier et Cie, rue Nationale, 45.

www.ingramcontent.com/pod-product-compliance
Lightning Source LLC
LaVergne TN
LVHW050242030726
842520LV00006B/2160